ESP 성경공부 시리즈

인간으로 오신 예수그리스도

마가복음 상

···너는 내 사랑하는 아들이라 내가 너를 기뻐하노라···

기독대학인회(ESF: Evangelical Student Fellowship)는
사도행전 1장 8절에서 선포되고 있는 예수님의 지상명령에 근거하여
캠퍼스복음화를 통한 성서한국, 세계선교를 주요목표로 삼고 있는
초교파적 선교단체입니다.

ESP는
Evangelical Student Fellowship Press의 약어로 기독대학인회(ESF)의
출판부입니다.

ESP 성경공부 시리즈 마가복음 상
인간으로 오신 예수 그리스도

2015년 2월 25일   초판발행

지은이 ESF 교재편찬위원회
만든이 기독대학인회 출판부
표지 디자인 장윤주
내지 디자인 조지선

(사)기독대학인회 출판부 (ESP)
서울특별시 강북구 솔샘로 67길 104 2층
Tel. 02) 989-3476, 3477 | Fax. 02) 989-3385
esfpress@hanmail.net
등록 제 12-316호

인간으로 오신 예수 그리스도

마가복음

CONTENTS ▮

Mark

● ● ●

MARK
마가복음을 공부하기 전에

아무리 시대가 흐르고 사람들이 바뀌어도 변할 수 없는 것은 성경공부입니다. 성경으로 돌아가자는 구호는 옛 종교개혁 시대에만 외치는 소리가 아닙니다. 오늘날 최첨단 과학문명 시대를 살아가는 우리들에게도 들려져야 할 외침입니다. 이 시대는 점점 보는 것에 만족하고 생각하기를 싫어하는 양상을 보이고 있습니다. 특히 성경공부하는 것보다도 감성적인 것에 치우친 경향을 보이고 있는 것이 현실입니다. 우리가 성경을 깊이 묵상하는 시간을 갖지 못하고 감성적인 것에 쫓아가면 구체적인 삶의 변화를 바랄 수 없게 됩니다.

이런 시대의 흐름 속에서도 ESF 소그룹 성경공부는 성경공부의 좋은 전통을 지키고 있습니다. 지난 30여 년 동안 수많은 청년 대학생, 지성인들이 성경공부의 매력을 경험하였고, 예수 그리스도의 복음을 영접하고 구원 얻는 역사가 있었습니다. 대학 강의실에서, 동아리방에서, 교회에서, 작은 자취방에서 성경공부하는 모습은 민족의 미래를 밝혀주는 횃불이었습니다.

ESF 소그룹 성경공부는 다섯 가지 특징이 있습니다.

첫째, 아주 즐겁고 재미있는 성경공부입니다. 소그룹에서 성경을 한 권 공부해보면, 성경이 이렇게 재미있는 책이었는지 재발견하게 될 것입니다.

둘째, 즐거운 대화식 성경공부입니다. 아무리 초보자라도 쉽게 참여하여 배울 수 있습니다.

셋째, 체계적인 성경공부입니다. 성경을 체계적이고, 종합적으로 이해하게 하는 성경공부입니다.

넷째, 믿음과 삶의 구체적인 적용을 배우는 성경공부입니다.

다섯째, 소그룹 리더를 길러주는 성경공부입니다. 소그룹에서 성경공부를 하면, 대부분 소그룹 성경공부의 리더가 될 수 있습니다.

이번에 새롭게 시작하는 사복음서 문제집 시리즈는 20~24회에 한 과목을 마칠 수 있도록 발간할 예정입니다. 각 복음서의 특성을 고려하여 꼭 필요한 본문들을 중심으로 재미있는 성경공부를 할 수 있도록 편성될 것입니다. 또한 영어 성경 ESV(English Standard Version)를 수록하여 성경 본문의 이해를 돕도록 하였습니다.

그리고 본 문제집 내용은 **말씀의 자리, 삶의 자리, 말씀의 자리**$^{+Plus}$ 로 구성되어 있습니다.

말씀의 자리는 본문 살피기와 생각하기 문제로 구성되어 있습니다. 성경 본문을 깊이 있게 관찰하며 해석하는 자리입니다.

삶의 자리는 말씀의 자리를 토대로 우리의 삶에 구체적으로 적용하는 문제로 구성되어 있습니다. 본문에서 파악되고 느낀 말씀의 은혜와 원리들을 각자 삶의 자리에 적용시키는 자리입니다.

말씀의 자리$^{+Plus}$ 는 본문 말씀의 중요한 핵심 내용이나 본문 배경 등을 요약하여 설명하는 자리입니다.

계속하여 한국교회와 청년 대학생들 가운데 소그룹 성경공부가 활발하게 일어나서 예수님을 만나고 복된 인생이 되길 기도합니다.

2015.02.13
기독대학인회(ESF)

소그룹 성경 문제집 활용법

성경해석의 일반 원리를 알고 공부합시다

1) 성경해석은 성경으로 해야 합니다.

성경의 가장 정확한 해석은 성경 자체입니다. 구약과 신약을 서로 연결시켜 공부할 때 바르게 이해할 수 있습니다. 의미가 희미한 말씀은 밝은 말씀에 비추어 해석해야 합니다. 상징, 비유, 애매한 부분은 병행 구절의 밝은 부분에서 그 뜻을 찾아야 됩니다.

2) 전체를 바라보는 눈으로 종합적으로 해석해야 합니다.

전체를 바라보지 못하고 한 부분에만 집착할 때 오류를 범하게 됩니다. 그러므로 성경 핵심을 파악하고 전체적으로 바라보며 해석해야 됩니다. 성경 전체의 핵심은 하나님의 아들, 예수 그리스도를 통한 인류 구속입니다. 그러므로 성경에 나오는 사건들이 그리스도와 인류 구원에 어떻게 연결되는지 살펴보면서 해석해야 됩니다.

3) 그 당시 시대 배경을 이해해야 합니다.

성경은 그 당시 사람들에 의해 기록되었으므로 당대의 지리, 역사, 풍습, 생활습관, 주변 상황 등을 파악하고 해석해야 됩니다.

4) 언어의 법칙과 문맥의 흐름을 중요시해야 합니다.

성경은 사람의 언어로 기록되었으므로 어휘, 문법의 이해가 중요하고 반드시 문맥의 흐름 속에서 해석해야 합니다. 따라서 일차적으로는 문자적인 해석을 한 다음 영적인 뜻을 찾아야 합니다.

5) 저자의 의도를 파악해야 합니다.

하나님께서 성경 저자의 성격, 교육 정도, 개성 등을 유기적으로 쓰셔서 성경을 기록하도록 하셨으므로 저자가 어떤 의도로 무슨 주제를 전개하는지 살펴보고 특별한 관점과 강조점이 무엇인지 알아야 합니다.

6) 오늘날 나에게 어떻게 적용되는지 살피며 해석해야 합니다.

성경은 비록 과거에 쓰여졌지만 하나님께서는 그 기록된 말씀을 통하여 각 시대 모든 사람들에게 말씀하고 계시므로 성경에 기록된 메시지가 당대 독자들에게 어떻게 들려졌는지를 살피면서 지금 나에게 어떻게 적용되는지를 살펴야 됩니다. 지금 나에게 말씀하시는 그 음성을 성령님의 도우심으로 듣게 될 때 말할 수 없는 큰 은혜를 체험하게 됩니다.

우리가 전자제품의 사용방법을 알고 사용하면 유익하고
편리한 것처럼 소그룹 성경공부 문제집도 활용방법을
잘 알고 사용할 때 매우 유익하고 편리합니다.

소그룹 성경 공부의 원리를 알고 공부합시다

1) 성경공부 목적에 충실해야 합니다.

성경공부의 목적은 중생, 신앙성장, 영적 교제입니다. 그러므로 신학 쟁론에 빠진다 든지 사소한 것으로 언쟁하느라 에너지를 소모하지 말고 성경의 깊은 뜻을 깨닫고 하나님의 음성을 듣는 일에 힘써야 됩니다. 그래서 하나님을 인격적으로 만나 중생 하고 회개와 믿음의 결단이 이루어지며 서로 배우고 격려하는데 힘써야 됩니다.

2) 기도에 힘써야 합니다.

성경이 성령의 감동으로 기록되었으므로 성령님의 도우심이 있어야 성경의 진리를 깨달을 수 있습니다. 성령님의 감화가 있는 성경공부가 되도록 기도해야 합니다.

3) 즐거운 분위기를 이루어야 합니다.

혼자 공부할 때는 쉽게 지치지만 여럿이 즐겁게 공부하면 신바람이 납니다. 그러므 로 그룹 구성원들이 서로 즐겁게 배우는 분위기를 이루기에 협력해야 합니다. 반드 시 정성껏 사전 준비 공부를 하고 성경공부에 참여하는 것이 성공적인 그룹 성경공 부가 됩니다. 서로 앞다투어 연구하고 배우는 모임을 이루면 처음에는 어리고 연약 한 모임도 나중에는 성숙하고 강한 모임으로 성장합니다.

4) 개인의 독무대를 만들지 말고 다 함께 참여하는 모임이 되어야 합니다.

그룹 공부의 어려운 점은 몇몇 수다쟁이, 익살꾼 등이 시간을 독차지해 버리는 것입 니다. 이것은 미숙한 태도입니다. 듣기도 하고 묻기도 하며 성숙하게 배워가야 하겠 습니다.

5) 분위기를 깨지 말고 적극적으로 참여해야 합니다.

그룹 공부의 또 다른 어려운 점은 구경꾼, 실쭉이, 인상파가 찬바람을 일으키기 때문 입니다. 성숙한 인도자는 적절한 유머, 성경 읽기 권유, 적당한 때 끌어들이기로 이 문 제를 잘 해결하지만, 너무 소극적인 태도로 나오면 몹시 힘이 드는 것이 사실입니다. 듣기도 할뿐더러 묻기도 하면서 적극적으로 참여하는 성경공부가 되어야 합니다.

6) 성숙한 그룹 공부 참여자가 되어야 합니다.

성숙한 사람은 성경공부를 잘 준비해 오는 것은 물론 적극적으로 공부에 참여합니 다. 진지한 탐구자의 자세, 예리한 분석과 종합, 실생활에 적절한 적용 등으로 성경 공부 수준을 높여갑니다. 그룹 성경공부는 아름다운 영적 교제를 겸한 매우 좋은 성 경 진리 탐구 방법입니다.

마가복음(Mark)

저자

　마가복음의 저자는 마가 요한이라는 사람입니다. 그는 바나바의 조카요(골 4:10), 그의 어머니 마리아는 믿음이 있고 재산도 상당히 가진 부자였던 것 같습니다. 그래서 마가의 다락방은 예수님의 최후의 만찬 장소로 후에는 사도들의 기도처로 사용되었습니다.

　마가는 바울과 바나바를 따라 1차 전도여행에 동행하는 특권을 누렸으나 그 후 일이 힘들어지자 도중에 낙오하고 말았습니다. 2차 전도여행에서 그를 데리고 가고자 했던 바나바와 이를 반대했던 바울의 갈등으로 결국 바울과 바나바는 결별하게 되고 마가는 바나바를 따라 구브로로 가게 됩니다(행 15:38~40). 그러나 12년이 지난 후에 베드로를 통해 예수님을 바로 믿게 된 후 사도 바울의 유익한 동역자가 되었고(골 4:10), 바울이 처형받기 직전에 바울의 요청으로 그를 다시 만나러 가게 됩니다(딤후 4:11). 마가는 한 번의 실수를 이기고 다시 새 생활을 시작한 청년의 삶을 보여주고 있으며, 아무리 두려움이 많고 연약한 사람도 훌륭한 믿음의 사람이 될 수 있다는 소망을 갖게 합니다.

기록 연대

　마가복음을 기록한 연대는 A.D. 65~70년 사이로 보고 있습니다. 마가복음을 가리켜 흔히 "표준 복음"이라고 합니다. 그 이유는 사복음서 중에 가장 먼저 쓰여졌고 가장 짧지만 가장 많은 사건을 기록하고 있기 때문입니다.

기록 목적

　마가복음을 쓰게 된 동기는 A.D. 64년 로마 대화재 사건에 대한 누명을 쓰고 온갖 핍박과 고난을 겪으며 지하교회에서 신앙을 지키던 기독교인들에게 "섬기러 오신 예수님"(막 10:45)을 소개함으로 핍박 속에 있던 그리스도인들에게 힘을 주고 예수께 대한 믿음의 토대를 견고케 하기 위한 목적으로 저술된 복음서입니다.

특징 　　마가복음은 사복음서 가운데 가장 먼저 쓰여졌다고 합니다. 대부분의 학자들이 이것을 인정하고 있으며 역사적인 예수님의 가르침을 복구하려고 할 때 마가복음을 우선시합니다. 사복음서는 각각의 특징을 가지고 있습니다. 마태복음은 유대적인 배경을 가지고 예수님을 하나님께서 약속하신 유대인의 왕으로 증거하고 있으며, 누가복음은 잃어버린 자에 대한 관심을 나타내며 예수님은 잃어버린 자를 찾으러 오신 그리스도시며, 요한복음은 '나는 ~이다'라는 선언의 반복과 함께 예수님이 생명과 빛 되신 분임을 증거하고 있습니다.

　　마가는 예수님이 메시아시며, 하나님의 아들이라는 말씀을 근거하여 예수님을 증거하고 있습니다. 특별히 예수님을 하나님의 아들이시오, 이 땅에 섬기러 오신 분임을 증거합니다. "인자가 온 것은 섬김을 받으려 함이 아니라 도리어 섬기려 하고 자기 목숨을 많은 사람의 대속물로 주려 함이니라"(막 10:45) 그래서 마가복음을 보면 예수님이 바쁘게 활동하시며 새벽부터 밤늦게까지 일하시는 모습이 기록되어 있습니다.

　　또한 마가복음은 제자훈련의 교과서라 할 수 있습니다. 마가복음의 특징적인 단어 중의 하나가 '곧'이라는 것입니다. 예수님이 말씀하실 때 곧 이루어지거나 순종하는 장면들이 기록되어 있습니다.

구조 　　마가복음의 구조를 보면 1장 1절의 계시의 선언에 대한 두 개의 신앙고백을 중심으로 이루어져 있음을 알 수 있습니다. 첫째, 유대인의 대표로서의 베드로의 고백입니다. "주는 그리스도시니이다"(막 8:29)라는 고백과 둘째, 이방인의 대표로서의 예수님의 십자가형을 주관했던 백부장의 고백입니다. "이 사람은 진실로 하나님의 아들이었도다"(막 15:39)

개요
1:1~13	예수님의 사역 준비
1:14~3:6	예수님의 초기 갈릴리 사역
3:7~6:13	예수님의 후기 갈릴리 사역
6:14~8:30	예수님이 갈릴리를 떠나심
8:31~10:52	예수님이 예루살렘으로 올라가심
11:1~13:37	예수님의 예루살렘 마지막 사역
14:1~15:15	예수님의 고난
15:16~16:20	예수님의 죽으심, 부활, 승천

1과

복음의 시작

● 마가복음 1:1-20(1)
 하나님의 아들 예수 그리스도의 복음의 시작이라

힘든 소식보다는 기쁜 소식을 듣고 싶습니다. 그러나 기쁘고 복된 소식은 보통 누군가의 희생과 수고를 통해 이루어집니다. 합격의 기쁨은 공부의 수고를 통해 이뤄지며, 승리의 기쁨은 훈련의 수고를 통해 이루어집니다. 큰 기쁨의 배경에는 그만큼 큰 희생이 들어 있습니다.

인류에게 있어서 가장 큰 기쁨의 소식인 복음, 그것은 가장 큰 희생을 통해 이루어졌습니다. 그 중심에는 모든 기득권을 내려놓고 낮아지신 예수님이 있습니다. 오늘 말씀을 통해 복음이 어떻게 시작되고 있는지 살펴보고, 우리 역시 복음을 위한 기쁜 희생과 기쁜 수고의 초청에 응할 수 있기를 바랍니다.

마가가 전한 복음 속으로 첫걸음을 내디뎌봅시다.

ESV

1. 마가복음의 첫 구절을 함께 읽어봅시다. 마가복음은 무엇에 관한 책입니까(1)? 여기서 '복음'이란 무엇입니까? 그렇다면 우리는 마가복음 공부를 통해서 무엇을 얻을 수 있을까요?

2. 세례 요한에 대해서 구약성경이 어떻게 예언하고 있습니까(2~3)? 그 예언이 어떻게 이루어졌습니까(4~5)? 요한의 생활방식은 어떠하며(6), 그가 전파한 메시지는 무엇입니까(7~8)?

1 The beginning of the gospel of Jesus Christ, the Son of God. **2** As it is written in Isaiah the prophet, "Behold, I send my messenger before your face, who will prepare your way, **3** the voice of one crying in the wilderness: 'Prepare the way of the Lord, make his paths straight,'" **4** John appeared, baptizing in the wilderness and proclaiming a baptism of repentance for the forgiveness of sins. **5** And all the country of Judea and all Jerusalem were going out to him and were being baptized by him in the river Jordan, confessing their sins. **6** Now John was clothed with camel's hair and wore a leather belt around his waist and ate locusts and wild honey. **7** And he preached, saying, "After me comes he who is mightier than I, the strap of whose sandals I am not worthy to stoop down and untie. **8** I have baptized you with water, but he will baptize you with the Holy Spirit."

3. 예수님께서 본격적으로 복음을 위해 활동을 시작하실 때 무엇을 하셨습니까(9)? 이때 무엇을 보셨으며, 무엇을 들으셨습니까(10~11)? 이런 과정이 왜 필요했을까요?

ESV

9 In those days Jesus came from Nazareth of Galilee and was baptized by John in the Jordan.
10 And when he came up out of the water, immediately he saw the heavens being torn open and the Spirit descending on him like a dove.
11 And a voice came from heaven, "You are my beloved Son; with you I am well pleased."
12 The Spirit immediately drove him out into the wilderness.
13 And he was in the wilderness forty days, being tempted by Satan. And he was with the wild animals, and the angels were ministering to him.

4. 복음을 위한 예수님의 삶은 평탄한 것만은 아니었습니다. 예수님께서는 어디로 가셔서 어떤 고난을 겪게 됩니까(12~13, 마 4:1~11)? 이런 과정이 왜 필요했을까요?

5. 예수님의 본격적인 활동은 어디에서 시작되며 어떤 메시지를 전파하십니까(14~15)? 그곳에서 누구를 부르십니까(16, 19)? 부르심의 목적은 무엇입니까(17)? 그들을 불렀을 때 반응은 어떠합니까(18, 20)?

ESV

14 Now after John was arrested, Jesus came into Galilee, proclaiming the gospel of God,

15 and saying, "The time is fulfilled, and the kingdom of God is at hand; repent and believe in the gospel."

16 Passing alongside the Sea of Galilee, he saw Simon and Andrew the brother of Simon casting a net into the sea, for they were fishermen.

17 And Jesus said to them, "Follow me, and I will make you become fishers of men."

18 And immediately they left their nets and followed him.

19 And going on a little farther, he saw James the son of Zebedee and John his brother, who were in their boat mending the nets.

20 And immediately he called them, and they left their father Zebedee in the boat with the hired servants and followed him.

1. 예수님에 대한 세례 요한의 진술(7, 8), 하나님의 진술(11), 그리고 시험 후 천사들의 반응(13)을 볼 때, 예수님은 어떤 분이라고 생각됩니까? 그렇다면 당신에게 있어서 예수님은 어떤 분인지 진술해봅시다.

2. '복된 소식'을 전해주기 위해 예수님께서는 무엇을 내려놓고, 어떤 일을 겪으셨습니까? 복음의 초청 앞에 제자들은 무엇을 내려놓고, 어떤 반응을 보였습니까? 복음의 초청 앞에서 당신이 내려놓아야 할 것은 무엇입니까?

함께 기도합시다

ΙΧΘΥΣ(익투스)

그리스어로 물고기를 의미하는 '익투스'는 초기 기독교인들에 의해서 사용된 의미 있는 부호였다고 알려져 있습니다. 다섯 개의 그리스어 알파벳은 각각, 예수(I), 그리스도(X), 하나님(Θ), 아들(Υ), 구원자(Σ)의 첫 글자로 이뤄진 두문자어(頭文字語, acronym)입니다. 그들은 이것을 통해 예수님이 구주가 되심을 고백했습니다.

긴 복음서를 줄이고 줄여 한 문장으로 만들면, 바로 이 단어가 내포한 의미가 됩니다. 즉, 복음서는 예수님이 구원자가 되심을 드러내는 책입니다. 그래서 복음서를 읽고 공부하면, 우리의 마음이 평안해지거나 위로를 얻기도 하지만, 무엇보다도 우리는 구원의 열매를 얻게 됩니다. 성경과 우리가 만났을 때, 그곳에는 구원의 열매가 맺혀야 합니다. 이 구원은 소극적으로는 멸망당하지 않고 천국에 가게 되는 것을 말하지만, 적극적으로는 하나님의 자녀가 되어 하나님의 자녀답게 살아가는 모든 삶을 의미합니다. 즉, 천국행 열차의 탑승 티켓을 쟁취하려는 소극적 구원 의식이 아니라, 그곳의 승객답게 살아가는 적극적 삶의 체계를 의미합니다.

예수님은 구주이십니다. 복음서를 통해서 우리는 무엇보다도 구주 예수님을 만나야겠습니다.

2과

예수님의 하루

● 마가복음 1:21-39(22)

　뭇 사람이 그의 교훈에 놀라니 이는 그가 가르치시는 것이 권위 있는 자와 같고 서기관들과 같지 아니함일러라

　우리는 살아가면서 많은 선생님을 만나 많은 가르침과 영향을 받습니다. 그중에는 쉽게 잊혀진 가르침도 있는 반면 우리의 인생에 깊은 영향을 끼친 가르침도 있을 것입니다. 사람의 인생은 가르침의 결과물입니다. 좋은 스승을 만나서 좋은 가르침을 깊이 흡수한 사람일수록 좋은 인생 결과물을 가지게 됩니다.

　오늘 말씀 속에, 사람들이 깜짝 놀랐던 한 선생님이 계십니다. 예수님은 교육계, 의료계 등을 망라한 인생계 전체에 있어서 충격 그 자체였습니다. 이는 부지런하고 희생적인 삶의 형식뿐만 아니라, 메시아로서 우리의 인생을 온전케 해 주시는 삶의 내용까지 포함하고 있습니다. 탁월한 인생 교사, 영적 스승을 만나고 싶지 않습니까? 예수님의 삶의 형식을 배움으로 우리의 매일의 일과가 바뀌고, 예수님의 삶의 내용을 배움으로 우리의 인생의 결과가 바뀌는, 예수님과의 충격적 만남이 있어야겠습니다.

● 말씀의 자리

1. 오전 시간, 예수님께서는 회당에서 무엇을 하셨습니까 (21)? 그때 사람들의 반응은 어떠합니까(22)? 왜 사람들이 예수님의 가르침에 놀랐을까요(22b; 마 5:21, 22; 27, 28; 33, 34; 38, 39; 43, 44)?

2. 예수님의 권세가 실제로 어떻게 드러납니까(23~26)? 하나님의 아들의 권세(24) 앞에서 사람들의 반응은 어떠합니까(27~28)? 당신이 그곳에 있었다면 어떤 반응을 보였을까요?

ESV

21 And they went into Capernaum, and immediately on the Sabbath he entered the synagogue and was teaching.
22 And they were astonished at his teaching, for he taught them as one who had authority, and not as the scribes.
23 And immediately there was in their synagogue a man with an unclean spirit. And he cried out,
24 "What have you to do with us, Jesus of Nazareth? Have you come to destroy us? I know who you are—the Holy One of God."
25 But Jesus rebuked him, saying, "Be silent, and come out of him!"
26 And the unclean spirit, convulsing him and crying out with a loud voice, came out of him.
27 And they were all amazed, so that they questioned among themselves, saying, "What is this? A new teaching with authority! He commands even the unclean spirits, and they obey him."
28 And at once his fame spread everywhere throughout all the surrounding region of Galilee.

3. 오후 시간, 예수님께서는 시몬의 집에서 무엇을 하셨습니까(29~31)? 저물어 해질 때에는 무엇을 하셨습니까(32~34)? 얼마나 많은 사람들이 찾아왔으며, 예수님께서는 이들을 어떻게 도우십니까? 사람들을 대하는 당신의 태도는 어떠합니까? 혹시 사람을 귀찮아해본 적은 없습니까?

4. 새벽 시간, 예수님께서는 한적한 곳에서 무엇을 하셨습니까(35)? 하루 종일 일하신 후 새벽 시간에 피곤했을 텐데 예수님께서는 왜 그렇게 하셨을까요? 당신은 하루의 첫 시간을 어떻게 보냅니까?

ESV

29 And immediately he left the synagogue and entered the house of Simon and Andrew, with James and John.
30 Now Simon's mother-in-law lay ill with a fever, and immediately they told him about her.
31 And he came and took her by the hand and lifted her up, and the fever left her, and she began to serve them.
32 That evening at sundown they brought to him all who were sick or oppressed by demons.
33 And the whole city was gathered together at the door.
34 And he healed many who were sick with various diseases, and cast out many demons. And he would not permit the demons to speak, because they knew him.
35 And rising very early in the morning, while it was still dark, he departed and went out to a desolate place, and there he prayed.

5. 새 날이 되었을 때, 예수님께서는 어디에서 무엇을 하셨습니까(39)? 왜 자기를 찾는 사람들을 떠나서 다른 곳으로 이동하셨습니까(36~38)? 당신은 하고 싶은 일(인기)과 해야 하는 일(사명) 사이에서 고민했던 적이 있습니까? 그때 당신은 주로 어떤 방향으로 결정합니까?

ESV

36 And Simon and those who were with him searched for him,

37 and they found him and said to him, "Everyone is looking for you."

38 And he said to them, "Let us go on to the next towns, that I may preach there also, for that is why I came out."

39 And he went throughout all Galilee, preaching in their synagogues and casting out demons.

1. 예수님의 하루와 당신의 하루를 비교해 보십시오. 예수님의 일과에 있어서 가장 인상적인 장면은 무엇입니까? 당신의 일과에 있어서 바뀌어야 할 부분은 무엇입니까?

2. 예수님의 하루는 단순히 바쁘고 열심히 살아가는 것 이상의 의미, 즉 메시아로서의 삶의 증거들을 보여주고 있습니다. 메시아 예수님의 가르침의 권위와 병 고침의 권세를 생각해볼 때, 어떤 절망의 상황에서도 회복되지 못할 사람은 없습니다. 당신의 인생에서 메시아 예수님으로 인해 변화되길 바라는 부분이 있다면 나눠봅시다.

🌸 함께 기도합시다

그의 교훈에 놀라니

　세상의 모든 선생들은 정도의 차이는 있겠지만, 인용(引用) 교사입니다. 즉, 다른 사람의 이론이나 사상을 끌어와서 그 위에 자신의 것을 덧붙여 설명합니다. 인용하는 이론이나 사상의 출처가 얼마나 권위 있는가에 따라서 그 가르침의 권위도 연동됩니다. 이것은 다른 사람의 권위를 덧입는 방식의 가르침입니다. 실제로 이런 가르침의 방법으로부터 자유로울 수 있는 선생은 거의 없습니다. 당시에 율법 전문가였던 서기관들도 마찬가지였습니다. 그들은 역사적으로 권위 있는 랍비의 가르침을 인용함으로써 그것을 자신들의 가르침의 권위로 삼았습니다. 그러나 예수님은 달랐습니다. 예수님은 인용 교사가 아니라 원전(原典) 교사였습니다. 예수님은 누군가의 주석 인용을 필요로 하는 분이 아닙니다. 예수님 자신이 원전이요 원저자이기 때문입니다. 하나님의 말씀에 대한 해석도, 인생 전반에 대한 해석 역시도 예수님은 원전 교사로서의 권위를 가지고 정확하게 가르치셨습니다. 더 좋은 인용구를 찾아다니는 것도 나름대로 의미 있겠지만, 인생의 원전을 만나는 것에 비할 수 있겠습니까? 인생의 풀리지 않는 매듭은 우리 인생의 원전 교사가 되시는 메시아 예수님을 만날 때 해결될 수 있습니다.

새 포도주는 새 부대에

● 마가복음 2:13-28(22)

새 포도주를 낡은 가죽 부대에 넣는 자가 없나니 만일 그렇게 하면 새 포도주가 부대를 터뜨려 포도주와 부대를 버리게 되리라 오직 새 포도주는 새 부대에 넣느니라 하시니라

● 시작하는 이야기

수천 년 이어져 온 전통이라는 이름의 관습은 사람들의 머릿속 깊은 곳까지 점령하여 점점 더 강력한 진을 형성하려는 경향을 가지고 있습니다. 종교적 관습도 예외는 아니어서, 당시 바리새인들은 전통 수호의 첨병 역할을 하고 있었습니다. 그때 그들의 전통의 진지에 복음이라는 혁명적 패러다임이 던져졌습니다. 그것이 오늘 말씀 속에서 세 번의 갈등으로 나타났습니다.

복음적 사고에 저항하는 바리새인들의 모습 속에 우리의 모습이 오버랩 되어 나타나고 있지는 않은지 조심스럽게 살펴보아야 하겠습니다. 끝까지 변화를 거부하는 우리의 옛 자아를 복음 앞에 세우고, 복음과 건전한 갈등을 겪도록 기꺼이 내어줍시다. 좀 아프더라도 그것은 성장통이 될 것입니다.

● 말씀의 자리

ESV

1. 큰 무리를 가르치시던 예수님께서 특별히 한 사람을 만나십니다. 누구를 어떤 상황에서 부르시며 그의 반응은 어떠합니까(13~14)? 당신은 언제 어떤 상황에서 예수님을 처음 만났습니까?

13 He went out again beside the sea, and all the crowd was coming to him, and he was teaching them.

14 And as he passed by, he saw Levi the son of Alphaeus sitting at the tax booth, and he said to him, "Follow me." And he rose and followed him.

15 And as he reclined at table in his house, many tax collectors and sinners were reclining with Jesus and his disciples, for there were many who followed him.

16 And the scribes of the Pharisees, when they saw that he was eating with sinners and tax collectors, said to his disciples, "Why does he eat with tax collectors and sinners?"

17 And when Jesus heard it, he said to them, "Those who are well have no need of a physician, but those who are sick. I came not to call the righteous, but sinners."

2. 부름 이후에 예수님께서 어디에서 무엇을 하십니까(15)? 바리새인의 서기관들이 이에 대해 어떤 문제를 제기하며, 예수님께서는 어떻게 대답하십니까(16~17)? 사람을 바라보는 두 관점에 어떤 차이점이 있습니까? 당신은 사람을 어떤 시각으로 바라봅니까?

3. 사람들이 예수님께 금식에 대해 어떤 문제를 제기하며, 예수님께서는 어떻게 대답하십니까(18~20)? 혼인집 손님과 신랑은 누구를 말하는 것입니까? 금식과 경건에 대한 두 관점에 어떤 차이가 있습니까?

ESV

18 Now John's disciples and the Pharisees were fasting. And people came and said to him, "Why do John's disciples and the disciples of the Pharisees fast, but your disciples do not fast?"

19 And Jesus said to them, "Can the wedding guests fast while the bridegroom is with them? As long as they have the bridegroom with them, they cannot fast.

20 The days will come when the bridegroom is taken away from them, and then they will fast in that day.

21 No one sews a piece of unshrunk cloth on an old garment. If he does, the patch tears away from it, the new from the old, and a worse tear is made.

22 And no one puts new wine into old wineskins. If he does, the wine will burst the skins— and the wine is destroyed, and so are the skins. But new wine is for fresh wineskins."

4. 이에 대해 예수님께서는 어떤 두 가지 비유를 말씀하십니까(21~22)? 생베 조각과 새 포도주, 낡은 옷과 낡은 가죽 부대는 무엇을 말하는 걸까요?

5. 안식일에 예수님의 제자들이 어떤 행동을 합니까(23)? 그것을 보고 바리새인들이 어떤 문제를 제기합니까 (24)? 이것이 왜 바리새인들에게 문제가 되었을까요(출 34:21, 막 7:8)?

* **안식일에 하지 못할 일(24):** 유대교에서는 안식일에 금해야 할 조항 39가지를 정해 놓았으며, 그중에는 곡식의 수확 행위도 포함된다.

6. 바리새인들의 문제 제기에 대해 예수님께서는 어떤 역사적인 예를 말씀하십니까(25~26)? 또 어떤 원리를 말씀하십니까(27)? 결국 어떤 결론을 내리십니까(28)? 예수님과 바리새인들의 안식일에 대한 두 관점에 어떤 차이점이 있습니까?

ESV

23 One Sabbath he was going through the grainfields, and as they made their way, his disciples began to pluck heads of grain.
24 And the Pharisees were saying to him, "Look, why are they doing what is not lawful on the Sabbath?"
25 And he said to them, "Have you never read what David did, when he was in need and was hungry, he and those who were with him:
26 how he entered the house of God, in the time of Abiathar the high priest, and ate the bread of the Presence, which it is not lawful for any but the priests to eat, and also gave it to those who were with him?"
27 And he said to them, "The Sabbath was made for man, not man for the Sabbath.
28 So the Son of Man is lord even of the Sabbath."

1. 우리 공동체나 이 사회에 낡은 옷이나 낡은 가죽 부대처럼 버리지 못하고 있는, 복음적 관점과 어울리지 않는 옛 사고방식이 있다면 어떤 것이 있는지 말해봅시다.

2. 당신은 쉽게 잘못을 인정하고 고치는 성격입니까 아니면 고집이 센 성격입니까? 오늘 말씀을 공부하고 당신의 삶에서 새롭게 고치길 원하는 부분이 있다면 구체적으로 무엇이며, 그것을 어떻게 고쳐나갈지 나눠보십시오.

함께 기도합시다

새 포도주, 새 부대, 새 피

율법주의자는 모든 것을 그대로 지키고, 방임주의자는 어느 것도 그대로 지키지 않습니다. 그리고 모든 사람들은 율법주의와 방임주의 양 극단 사이의 어느 한 지점에 생각의 좌표를 설정하고 살아갑니다. 복음은 경직도 방종도 아닌 진정한 자유를 가져다줍니다. 조항이나 조건에 얽매이는 것이 아니라 하나님과의 관계 속에서 하나님의 원리를 실현해가기 때문입니다. 예수님과 제자들의 모습 속에서 이런 모습을 발견하게 됩니다.

어떻게 날마다 새로운 사람이 될 수 있을까요? 고집의 관성에 자신을 맡겨두면 당장 변화의 고통은 없을지 모르지만, 시간의 흐름에 따라 낡아져가는 자신의 모습을 발견하게 됩니다. 고집은 우리를 점점 더 낡은 가죽 부대로 만들어갑니다. 그러나 복음은 우리를 최신형 새 가죽 부대로 만들어줍니다. 복음 안에는 우리의 고집이 아니라 하나님의 성품이 녹아 있기 때문입니다. 그래서 복음형 인간의 제조일자는 항상 오늘입니다. 날마다 새롭게 창조되기 때문입니다(고후 5:17). 늙어갈수록 더 새로워지는 복음의 사람, 이것이 우리의 모습이 되어야겠습니다.

4과

예수님 주변의 사람들

● 마가복음 3:7-30(14)

이에 열둘을 세우셨으니 이는 자기와 함께 있게 하시고 또 보내사 전도도 하며

예수님 주변에 다양한 사람들이 몰려들었습니다. 예수님에 대한 관심은 대단했습니다. 열광적으로 예수님을 찾는 사람부터 예수님을 비방하고 헐뜯는 사람들까지, 나아온 사람들의 동기는 다 달랐습니다. 예수님은 열광하는 사람들에 의해서 마음이 들뜨지도 않으셨고, 비난하는 사람들에 의해서 의기소침해지지도 않으셨습니다. 오히려 묵묵히 자신의 길을 가시면서 주변의 제자들을 불러 세우셨습니다. 사람들은 아무도 이들에게 관심을 갖지 않았지만 예수님은 이들을 주목하셨습니다. 나아온 사람은 많았으나 선택된 사람은 소수였습니다. 오늘 예수님께 나아온 당신은 무리들 중에 서 있습니까 아니면 제자들 중에 서 있습니까?

1. 어디에서 얼마나 많은 사람들이 예수님께 나아왔습니까(7~9)? 이들이 예수님께 나아온 동기는 무엇입니까(8, 10)? 요즘도 이들과 비슷한 이유로 예수님께 나아오는 사람들을 본 적이 있습니까?

ESV

7 Jesus withdrew with his disciples to the sea, and a great crowd followed, from Galilee and Judea

8 and Jerusalem and Idumea and from beyond the Jordan and from around Tyre and Sidon. When the great crowd heard all that he was doing, they came to him.

9 And he told his disciples to have a boat ready for him because of the crowd, lest they crush him,

10 for he had healed many, so that all who had diseases pressed around him to touch him.

11 And whenever the unclean spirits saw him, they fell down before him and cried out, "You are the Son of God."

2. 예수님은 어떤 사람들을 부르십니까(13)? 이들을 부르신 이유는 무엇입니까(14~15)? 동기에 있어서, 앞에 나아왔던 무리들과 같은 점은 무엇이며 다른 점은 무엇입니까(막 10:35~37, 막 16:20)?

12 And he strictly ordered them not to make him known.

13 And he went up on the mountain and called to him those whom he desired, and they came to him.

14 And he appointed twelve (whom he also named apostles) so that they might be with him and he might send them out to preach

15 and have authority to cast out demons.

3. 제자들의 이름과 각각의 특징을 아는 대로 말해보시오. 이들의 출신 배경이나 사회적 지위는 어떠했던 것 같습니까? 예수님께서 이름을 더하여 준 제자들은 누구이며 왜 이런 이름을 더하셨을까요(16~17, 마 16:18, 눅 9:54)?

4. 무리들로 인해 식사할 겨를도 없었던 예수님께 어떤 사람들이 나아왔으며, 이들이 나아온 동기는 무엇입니까(21~22)? 이에 대한 예수님의 대답은 무엇입니까(23~27)?

ESV

16 He appointed the twelve: Simon (to whom he gave the name Peter);

17 James the son of Zebedee and John the brother of James (to whom he gave the name Boanerges, that is, Sons of Thunder);

18 Andrew, and Philip, and Bartholomew, and Matthew, and Thomas, and James the son of Alphaeus, and Thaddaeus, and Simon the Cananaean,

19 and Judas Iscariot, who betrayed him.

20 Then he went home, and the crowd gathered again, so that they could not even eat.

21 And when his family heard it, they went out to seize him, for they were saying, "He is out of his mind."

22 And the scribes who came down from Jerusalem were saying, "He is possessed by Beelzebul," and "by the prince of demons he casts out the demons."

23 And he called them to him and said to them in parables, "How can Satan cast out Satan?

24 If a kingdom is divided against itself, that kingdom cannot stand.

25 And if a house is divided against itself, that house will not be able to stand.

5. 예수님께서 서기관들의 행위에 대해서 뭐라고 말씀하십니까(28~30)? 예수님의 말씀을 생각해 볼 때, 성령을 모독하는 죄는 무엇일까요? 이런 죄에 빠진 사람들을 본 적이 있습니까?

ESV

26 And if Satan has risen up against himself and is divided, he cannot stand, but is coming to an end.

27 But no one can enter a strong man's house and plunder his goods, unless he first binds the strong man. Then indeed he may plunder his house.

28 "Truly, I say to you, all sins will be forgiven the children of man, and whatever blasphemies they utter,

29 but whoever blasphemes against the Holy Spirit never has forgiveness, but is guilty of an eternal sin"—

30 for they were saying, "He has an unclean spirit."

1. 이익 때문에 예수님께 나아왔던 사람들은 자기의 이익과 맞지 않으면 오히려 예수님에 대해서 적대세력이 됩니다(막 15:13). 당신이 예수님께 나아온 주요 동기는 무엇입니까? 이익이 없고 오히려 고난이 찾아온다 하더라도 당신과 예수님의 관계는 탄탄하게 유지될 수 있겠습니까?

2. 예수님의 제자들과 비교해볼 때 당신의 사회적 배경은 어떠합니까? 예수님께서 지금 당신을 제자로 부르신다면 당신은 어떻게 반응하겠습니까?

함께 기도합시다

원하는 자들을 부르시니

예수님은 제자 선발대회를 갖지 않으셨습니다. 화려한 이력서와 자기소개서를 요구하지 않으셨습니다. 높은 자격요건을 요구하지도 않으셨습니다. 제자들의 사회적 성취도와 상관없이 주권적으로 부르셨습니다. 그렇다고 해서 예수님께서 마음 내키는 대로 대충 부르신 것은 결코 아닙니다. 오히려 누가복음에는 이렇게 기록되어 있습니다. '이 때에 예수께서 기도하시러 산으로 가사 밤이 새도록 하나님께 기도하시고 밝으매 그 제자들을 부르사 그 중에서 열둘을 택하여 사도라 칭하셨으니'(눅 6:12, 13)

십자가를 앞두고 그 밤에 기도하셨던 것처럼, 제자들을 선택하실 때에도 밤이 새도록 기도하셨습니다. 제자 한 사람 한 사람은 예수님의 관심의 결정체입니다. 당신이 예수님의 제자라면, 그 제자 됨 속에는 예수님의 밤샘기도의 땀이 녹아 있습니다. 그렇기 때문에, 이익에 휩쓸려 다니는 무리들이 많은 이 시대에도 예수님의 제자는 이익 앞에 제자 됨을 팔지 않습니다.

5과

씨 뿌림과 마음 밭

● 마가복음 4:1-20(20)

　좋은 땅에 뿌려졌다는 것은 곧 말씀을 듣고 받아 삼십 배나 육십 배나 백 배의 결실을 하는 자니라

● 시작하는 이야기

　똑같은 씨가 똑같은 사람에 의해서 똑같은 방법으로 각기 다른 네 가지 종류의 땅에 뿌려졌습니다. 결과는 어땠을까요? 씨가 뿌려졌다는 사실이 중요한 것이 아니라, 싹이 트고 열매가 맺혀질 때 그 씨 뿌림은 비로소 의미를 가지게 됩니다.

　인생의 풍년을 원하십니까? 수확량은 토질함수입니다. 즉, 우리 인생의 열매는 마음 상태에 달려있습니다. 하나님의 말씀이 아무리 많이 주어져도 그것을 받아들이지 않는다면 그곳에는 그저 열매 없는 공허한 씨 뿌림만이 있을 뿐입니다.

　이 시간에도 하나님의 말씀이 우리의 마음에 떨어지고 있습니다. 아스팔트와 같은 마음에는 발아와 결실의 유기반응이 일어나지 못합니다. 당신 마음속, 습기 머금은 부드러운 땅 위로 하나님의 말씀이 떨어지길 기도합니다.

1. 예수님께서 가르치시는 상황과 풍경이 어떤지 말로 설명해봅시다(1~2). 무엇에 관한 비유입니까(3)? 당신은 지금까지 살아오면서 씨를 심고 식물을 길러본 경험이 있습니까? 오늘 말씀에서 씨는 결국 무엇을 상징합니까(14)?

2. 첫 번째 씨는 어디에 뿌려졌으며 어떻게 되었습니까(4)? 이것은 어떤 의미입니까(15)? 혹시 이런 경우를 겪었거나 본 적이 있다면 경험을 나눠봅시다.

ESV

1 Again he began to teach beside the sea. And a very large crowd gathered about him, so that he got into a boat and sat in it on the sea, and the whole crowd was beside the sea on the land.
2 And he was teaching them many things in parables, and in his teaching he said to them:
3 "Listen! A sower went out to sow.
4 And as he sowed, some seed fell along the path, and the birds came and devoured it.

3. 두 번째 씨는 어디에 뿌려졌으며 어떻게 되었습니까
(5~6)? 이것은 어떤 의미입니까(16~17)? 돌밭의 특성
은 어떠하며, 길 가와 다른 점은 무엇입니까? 이와 같은
비슷한 마음을 가진 사람들은 어떤 사람들일까요?

4. 세 번째 씨는 어디에 뿌려졌으며 어떻게 되었습니까
(7)? 이것은 어떤 의미입니까(18~19)? 앞의 두 경우와
다른 점은 무엇입니까? 염려와 재물의 유혹과 욕심이
왜 하나님의 말씀을 열매 맺지 못하게 할까요? 그런 경
우가 있었다면 나눠봅시다.

ESV

5 Other seed fell on rocky ground, where it did not have much soil, and immediately it sprang up, since it had no depth of soil.
6 And when the sun rose, it was scorched, and since it had no root, it withered away.
7 Other seed fell among thorns, and the thorns grew up and choked it, and it yielded no grain.

16 And these are the ones sown on rocky ground: the ones who, when they hear the word, immediately receive it with joy.
17 And they have no root in themselves, but endure for a while; then, when tribulation or persecution arises on account of the word, immediately they fall away.
18 And others are the ones sown among thorns. They are those who hear the word,
19 but the cares of the world and the deceitfulness of riches and the desires for other things enter in and choke the word, and it proves unfruitful.

5. 네 번째 씨는 어디에 뿌려졌으며 어떻게 되었습니까 (8)? 이것은 어떤 의미입니까(20)? 다른 밭들과 비교해 볼 때, 결국 열매 맺는데 있어서 관건은 무엇일까요(9, 12, 20)? 말씀을 듣고 공부할 때 당신의 마음의 상태는 주로 어떠합니까?

1. 무리들과 제자들의 차이점은 무엇입니까(10~12)? 이를 볼 때, 당신은 어디에 속하는 것 같습니까? 당신은 말씀을 듣고 깨닫고 적용하는 제자의 즐거움을 맛본 적이 있습니까?

2. 당신 속에, 그리고 당신의 공동체에, 좋은 밭 만들기 프로젝트를 시작하기 위해서는 구체적으로 어떻게 해야 할까요(참조, 마 3:8, 잠 3:34)?

함께 기도합시다

삼십 배, 육십 배, 백 배

한 이삭에 맺히는 벼 알 수는 품종마다 차이가 나지만, 적게는 백 개에서 많게는 백팔십 개 정도까지 됩니다. 자연의 결실 법칙을 살펴보노라면, 예수님께서 언급하신 '삼십 배, 육십 배, 백 배'는 과장법이 아니라 오히려 최소한으로 축소한 느낌마저 듭니다. 좋은 밭에 씨를 뿌리고 열심히 가꾸면 누구에게든지 적어도 백 배 정도의 열매는 보장됩니다.

예수님의 비유에서 밭은 네 종류의 토양상태로 분류되었지만, 결실의 관점에서 보면 딱 두 종류로 나눠집니다. 열매를 맺은 밭과 열매를 맺지 못한 밭입니다. 세 밭은, 싹이 트고 줄기가 자라 나왔건 그렇지 못했건 간에 결국 열매를 맺지 못했고, 나머지 한 밭은 수십 배 열매를 맺었습니다.

성경은 유달리 열매를 많이 강조합니다. 그래서 열매를 맺지 못하는 것에 대해서는 혹독하게 말합니다. 세례요한은 마태복음 3장 10절에서, "이미 도끼가 나무 뿌리에 놓였으니 좋은 열매를 맺지 아니하는 나무마다 찍혀 불에 던져지리라"고 했고, 예수님은 마태복음 7장 19절에서 "아름다운 열매를 맺지 아니하는 나무마다 찍혀 불에 던져지느니라"고 말씀하셨습니다.

사람들은 열매를 능력의 문제로 보지만, 성경은 열매를 마음 상태의 문제라고 말합니다. 우리 인생의 열매는 곧 하나님 앞에서의 우리의 마음에 달려 있습니다. 우리의 마음이 하나님의 말씀을 받아들이는 옥토로 일구어진다면, 능력과 상관없이 누구든지 풍성한 열매를 맺을 수 있습니다.

6과

사람을 온전케 하시는 예수님

● 마가복음 5:1-21(8)

　이는 예수께서 이미 그에게 이르시기를 더러운 귀신아 그 사람에게서 나오라 하셨음이라

　거라사의 지방에 귀신들린 채 자신의 몸을 자해하며 살았던 사람이 있었습니다. 증상이 너무 심해서 아무도 그 사람에게 도움을 줄 수 없었습니다. 그런데 예수님께서 물을 건너 이 사람을 찾아오셨습니다. 이를 통해 이 사람은 귀신의 억압으로부터 풀려났습니다.

　예수님과의 만남은 곧 악한 영과 이별입니다. 많은 현대인들이 귀신들린 것은 아니지만, 악한 영향력에 결박되어 제정신을 잃고 살아가고 있습니다. 진정한 가치에 대한 기준은 무너져가고, 행동에 대한 절제력은 사라져갑니다. 예수님을 만나지 않고는 스스로 온전해질 수가 없습니다.

　거라사 지방에 상륙하신 예수님께서, 이 시간에 우리의 마음 속에도 임하시도록 기대하는 마음으로 말씀을 공부해봅시다.

말씀의 자리

1. 거라사 지방에서 만난 더러운 귀신들린 사람의 형편이 어떠합니까(3~5)? 귀신들린 사람의 모습을 보면서, 그 중 현대인의 삶과 비슷한 점은 무엇인지 찾아봅시다.

2. 귀신들의 반응을 볼 때 예수님의 권세가 어떤 것 같습니까(6~7)? 예수님께서는 귀신들린 사람에게 무슨 말씀을 하셨습니까(8)? 마을 사람들이 그 사람을 대하는 것과 어떤 차이가 있습니까?

ESV

1 They came to the other side of the sea, to the country of the Gerasenes.

2 And when Jesus had stepped out of the boat, immediately there met him out of the tombs a man with an unclean spirit.

3 He lived among the tombs. And no one could bind him anymore, not even with a chain,

4 for he had often been bound with shackles and chains, but he wrenched the chains apart, and he broke the shackles in pieces. No one had the strength to subdue him.

5 Night and day among the tombs and on the mountains he was always crying out and cutting himself with stones.

6 And when he saw Jesus from afar, he ran and fell down before him.

7 And crying out with a loud voice, he said, "What have you to do with me, Jesus, Son of the Most High God? I adjure you by God, do not torment me."

8 For he was saying to him, "Come out of the man, you unclean spirit!"

인간으로 오신 예수 그리스도 **43**

3. 귀신들이 어떤 요청을 합니까(10~12)? 예수님께서 그 요청을 허락하셨을 때, 귀신들에게(13), 그리고 귀신들린 사람에게(15) 각각 어떤 일이 일어납니까? 이 둘 중, 당신의 마음에는 어떤 일이 더 크게 느껴집니까?

4. 마을 사람들이 고침 받은 사람을 보고 어떻게 반응합니까(15)? 예수님에 대해서는 어떻게 반응합니까(17)? 왜 마을 사람들은 예수님을 받아들이지 못했을까요? 혹시 당신 속에도 예수님을 받아들이는데 있어서 방해가 되는 마음이 있다면 어떤 것인지 말해봅시다.

9 And Jesus asked him, "What is your name?" He replied, "My name is Legion, for we are many."

10 And he begged him earnestly not to send them out of the country.

11 Now a great herd of pigs was feeding there on the hillside,

12 and they begged him, saying, "Send us to the pigs; let us enter them."

13 So he gave them permission. And the unclean spirits came out, and entered the pigs, and the herd, numbering about two thousand, rushed down the steep bank into the sea and were drowned in the sea.

14 The herdsmen fled and told it in the city and in the country. And people came to see what it was that had happened.

15 And they came to Jesus and saw the demon-possessed man, the one who had had the legion, sitting there, clothed and in his right mind, and they were afraid.

16 And those who had seen it described to them what had happened to the demon-possessed man and to the pigs.

17 And they began to beg Jesus to depart from their region.

5. 고침 받은 사람이 예수님께 어떤 요청을 합니까(18)?
   그 요청에 대해 예수님께서는 무엇이라고 말씀하시며,
   결국 그 사람이 어떻게 행합니까(19~20)? 이를 볼 때,
   예수님을 깊이 만난 사람의 사명은 무엇일까요?

ESV

18 As he was getting into the boat, the man who had been possessed with demons begged him that he might be with him. **19** And he did not permit him but said to him, "Go home to your friends and tell them how much the Lord has done for you, and how he has had mercy on you." **20** And he went away and began to proclaim in the Decapolis how much Jesus had done for him, and everyone marveled. **21** And when Jesus had crossed again in the boat to the other side, a great crowd gathered about him, and he was beside the sea.

1. 당신의 삶에 거라사인이 처했던 삶의 형편과 비슷한 어려움이 있다면, 나눌 수 있는 범위까지 나누어보십시오. 1, 2절과 21절을 볼 때, 예수님께서 거라사인의 지방에 굳이 가셨던 이유가 무엇이라고 생각합니까? 오늘 말씀을 통해 예수님께서 당신을 굳이 찾아오신 이유는 무엇일까요?

2. 예수님의 관심사와 마을 사람들의 관심사가 어떻게 차이가 납니까(8, 15~17)? 당신은 지금 '많은 돼지'와 '한 사람' 중 어디에 더 관심을 가지고 있습니까?

함께 기도합시다

더러운 귀신아 그 사람에게서 나오라

사람이 사람을 바라보는 관점, 그것은 시대마다 다르고 개인마다 다릅니다. 그렇지만 사람을 사람 그 자체로 보지 않고 그 사람이 가진 지식, 재산, 외모, 능력과 같은 기준에 따라 판단하게 될 때 그곳에 더 이상 사람은 존재하지 않습니다. 사람이라는 상품을 쌌던 포장지만 있을 뿐입니다. 그런 기준으로 보자면 귀신들린 한 거라사인은 위험하고 난폭한 사람이었습니다. 그저 더러운 사람이었습니다. 사람들은 그가 다가오면, "더러운 사람아, 저리 꺼져라"하고 소리쳤을 것입니다. 그러나 예수님의 입에서는 전혀 다른 말씀이 흘러나왔습니다. "더러운 귀신아, 그 사람에게서 나오라"하고 명령했습니다. 예수님께 귀신들린 거라사인은 '그 사람'이었습니다. 그가 더러운 것이 아니라 그의 속에 있던 귀신이 더러운 것이었습니다. 사람들은 거라사인을 귀신으로 봤습니다. 그러나 예수님은 거라사인을 사람으로 봤습니다. 사람에 대한 예수님의 관점은 귀신과 사람을 분리시켜 바라보는 것이었습니다. 회복의 시작은 사람을 사람으로 바라볼 때 일어납니다.

우리 주변에도 여러 가지 악한 영향력 아래에서 살아가는 사람들이 많이 있습니다. 그들의 악함과 더러움을 보기 이전에 그들을 '사람'으로 볼 수 있는 눈을 가져야겠습니다. 예수님이 그랬던 것처럼, 우리의 눈에 먼저 '그 사람'이 들어와야겠습니다.

7과

절망의 순간에서 만난 예수님

● 마가복음 5:21-43(36)

예수께서 그 하는 말을 곁에서 들으시고 회당장에게 이르시되 두려워하지 말고 믿기만 하라 하시고

● 시작하는 이야기

다른 사람들이 절망적인 상황에 있을 때, 우리는 자주 "두려워하지 말고 믿기만 하십시오"라고 말합니다. 그러나 그 절망이 자신의 것이 될 때에는 우리가 다른 사람에게 했던 말이 공허하게 다가오는 경우가 많습니다. 실제 삶의 자리에서 절망을 경험할 때 비로소 내 믿음의 진면목을 보게 되는 것입니다.

오늘 본문 속에서, 우리는 절망 속에 있는 사람들을 만나게 됩니다. 엄습하는 죽음과 질병의 고통 속에서 한 가닥 희망의 빛줄기를 찾는 이들입니다. 또한 이들을 안타까움 속에서 바라보는 사람들이 있습니다. 그들은 그 절망의 자리에서 예수님을 만났습니다. 이들이 예수님을 만나는 과정을 살펴봄으로써, 우리의 삶 속에서 경험되는 절망과 두려움을 극복하는 방법을 배울 수 있습니다.

1. 회당장 야이로가 예수님께 온 이유가 무엇입니까(23)? 야이로가 예수님께 와서 간청하는 자세가 어떠합니까 (22~23)? 회당장의 신분으로 예수님께 나아온 야이로의 모습에서 배울 수 있는 것이 무엇입니까?

2. 예수님은 인산인해를 이루고 있는 사람들을 뚫고 야이로의 집으로 가게 됩니다. 가는 도중에 무슨 일이 일어났습니까(25~29)? 그동안 여인은 자신의 병을 치료하기 위해 얼마나 많은 고생을 하였습니까? 여인의 간절함(27)과 믿음(28)에 대해서 생각해봅시다.

ESV

21 And when Jesus had crossed again in the boat to the other side, a great crowd gathered about him, and he was beside the sea.

22 Then came one of the rulers of the synagogue, Jairus by name, and seeing him, he fell at his feet

23 and implored him earnestly, saying, "My little daughter is at the point of death. Come and lay your hands on her, so that she may be made well and live."

24 And he went with him. And a great crowd followed him and thronged about him.

25 And there was a woman who had had a discharge of blood for twelve years,

26 and who had suffered much under many physicians, and had spent all that she had, and was no better but rather grew worse.

27 She had heard the reports about Jesus and came up behind him in the crowd and touched his garment.

28 For she said, "If I touch even his garments, I will be made well."

29 And immediately the flow of blood dried up, and she felt in her body that she was healed of her disease.

3. 한 생명이 위급한 상황에서 예수님은 가던 길을 멈추십니다. 제자들은 예수님의 멈추심을 이해하지 못했습니다. 예수님이 하신 말씀과 예수님의 행동에 주목해봅시다(30, 32, 34). 여인의 고백(33)과 예수님의 말씀(34)을 통해서 알 수 있는 예수님의 마음과 의도를 생각해봅시다.

4. 예수님이 지체하는 동안 야이로의 집에서 어떤 소식이 왔습니까(35)? 이 소식을 들은 야이로의 심정이 어떠했을까요? 이때 예수님이 야이로에게 하신 말씀이 무엇입니까(36)? 두려움과 절망의 시간에 우리에게 필요한 것이 무엇입니까?

ESV

30 And Jesus, perceiving in himself that power had gone out from him, immediately turned about in the crowd and said, "Who touched my garments?"
31 And his disciples said to him, "You see the crowd pressing around you, and yet you say, 'Who touched me?'"
32 And he looked around to see who had done it.
33 But the woman, knowing what had happened to her, came in fear and trembling and fell down before him and told him the whole truth.
34 And he said to her, "Daughter, your faith has made you well; go in peace, and be healed of your disease."
35 While he was still speaking, there came from the ruler's house some who said, "Your daughter is dead. Why trouble the Teacher any further?"
36 But overhearing what they said, Jesus said to the ruler of the synagogue, "Do not fear, only believe."

5. 야이로의 집은 죽음이라는 절망에 휩싸였습니다(38). 이때 예수님은 무슨 말씀을 하십니까(39)? 이에 대한 사람들의 반응이 어떠합니까(40)? 죽음이 무엇인지 자기 생각을 나누어 봅시다.

6. 예수님은 야이로의 딸을 어떻게 살리셨습니까(40, 41)? 사람들의 반응은 어떠했습니까(42)? 죽은 소녀를 살리시는 예수님은 어떤 분입니까?

ESV

37 And he allowed no one to follow him except Peter and James and John the brother of James.

38 They came to the house of the ruler of the synagogue, and Jesus saw a commotion, people weeping and wailing loudly.

39 And when he had entered, he said to them, "Why are you making a commotion and weeping? The child is not dead but sleeping."

40 And they laughed at him. But he put them all outside and took the child's father and mother and those who were with him and went in where the child was.

41 Taking her by the hand he said to her, "Talitha cumi," which means, "Little girl, I say to you, arise."

42 And immediately the girl got up and began walking (for she was twelve years of age), and they were immediately overcome with amazement.

43 And he strictly charged them that no one should know this, and told them to give her something to eat.

1. 본문의 혈루증 앓는 여인과 회당장 야이로, 야이로의 딸은 절망이라는 그림자 속에 있었습니다. 당신이 경험하고 있는 절망이 있다면 나누어 봅시다.

2. 본문의 사람들은 절망 가운데 예수님께 나왔고 절망을 극복하였습니다. 예수님은 그들에게 희망이 되었습니다. 개인적으로, 공동체적으로 경험하고 있는 절망을 극복할 수 있는 길은 무엇입니까?

함께 기도합시다

두려워하지 말고 믿기만

"달리다굼" "소녀야 일어나라"

예수님은 죽은 소녀를 향하여 외치셨습니다. 예수님의 말씀의 권세 앞에 죽은 소녀가 벌떡 일어났습니다. 싸늘한 시체에 생명이 되돌아왔습니다. 사람들은 놀랐습니다. 죽은 사람이 다시 살아나다니! 우리 예수님은 병만 고치실 뿐 아니라 죽은 자도 다시 살리시는 생명의 주, 부활의 주이심을 온 천하에 선포하셨습니다. 인간의 한계상황이 죽음입니다. 죽음 앞에 인간은 절망하며 통곡할 뿐입니다. 죽음 앞에 아무 일도 할 수 없습니다. 예수님께서는 인간의 한계상황인 죽음마저도 해결해 주심으로써 온 천하에 생명의 구주이심을 선포하신 것입니다.

예수님으로부터 치유와 생명을 회복한 두 사람에게는 공통점이 있습니다. 첫째는 절망의 낭떠러지 순간에 마지막으로 예수님께 소망을 두고 나아왔다는 점이며, 둘째는 사회적 장벽에 포기하지 않고 예수님의 도우심을 청했다는 사실입니다. 회당장 야이로나 혈루병 걸린 여자는 예수님께 나아오는 것이 결코 쉽지 않았습니다. 하지만 회장당 야이로는 주위의 시선이나 자존심 따위는 아랑곳하지 않았습니다. 혈루병 걸린 여인은 사회적인 불편한 시선과 괴로운 처사들에 굴하지 않았습니다. 이 두 사람은 큰 피해와 목숨을 하나님께 담보하며 용기를 내어 예수님께 나아왔던 것입니다. 그 중심을 잘 아셨던 예수님은 그들에게는 "두려워하지 말고 믿기만 하라"고 말씀하여 주시며 그 마음까지도 위로하여 주셨습니다.

지금도 살았다고 하나 죽은 자 같은 사람들이 많습니다. 하나님도 모르고, 천국도 모르고 영생도 없이 살고 있는 자는 사실상 영혼이 죽은 자입니다. 예수님께서는 이런 죽은 자들을 향하여 "달리다굼" 외치십니다. 하나님의 일꾼으로 부름받았으나 아무 일도 하지 못하는 죽은 자와 방불한 사람들이 있습니다. 이 음성을 들으십시오. "달리다굼!"

이 음성을 듣는 사람만이 소망의 인생을 살게 됩니다. 주의 이 음성을 듣고 새 힘을 얻어 일어서는 은혜가 있기를 바랍니다.

8과

제자를 훈련시키시는 예수님

● 마가복음 6:1-16(7)

열두 제자를 부르사 둘씩 둘씩 보내시며 더러운 귀신을 제어하는 권능을 주시고

○ 시작하는 이야기

예수님은 공생애 기간 그 바쁜 와중에도 한 가지 일은 결코 포기하지 않으셨습니다. 그것은 제자훈련이었습니다. 어떤 상황 속에서도 주님은 제자들을 준비시키셨고, 제자들을 훈련시키셨습니다.

오늘 본문은 예수님께서 제자들을 실제로 훈련시키시기 위해서 파송하신 것을 기록하고 있습니다. 그러면서 제자로서, 사역자로서의 자세에 대해서 말씀하셨습니다. 이와 같이 우리도 주님께서 우리에게 맡기신 사명을 감당하기 전에 철저히 훈련받는 것이 필요합니다. 어떤 훈련이 필요하며, 어떻게 협력할 것인가는 매우 중요한 문제입니다. 자, 우리 모두 주님의 제자훈련장으로 들어가 봅시다.

○ 말씀의 자리

1. 예수님께서 가버나움을 떠나 고향으로 가십니다(1). 예수님의 가르침에 대한 고향사람들의 반응이 어떠합니까(2)? 고향 사람들이 예수님을 배척한 이유가 무엇입니까(3)? 혹 예수님의 제자로 살면서 배척당한 경험이 있다면 나누어 봅시다.

2. 배척당하신 예수님이 하신 말씀이 무엇입니까(4)? 결국 예수님은 고향 사람들의 불신을 보고 어떻게 행하십니까(5)? 이 사건을 통해서 알 수 있는 바가 무엇입니까(대하 36:16, 렘 11:21, 막 6:17, 막 12:1~12)?

ESV

1 He went away from there and came to his hometown, and his disciples followed him. **2** And on the Sabbath he began to teach in the synagogue, and many who heard him were astonished, saying, "Where did this man get these things? What is the wisdom given to him? How are such mighty works done by his hands? **3** Is not this the carpenter, the son of Mary and brother of James and Joses and Judas and Simon? And are not his sisters here with us?" And they took offense at him. **4** And Jesus said to them, "A prophet is not without honor, except in his hometown and among his relatives and in his own household." **5** And he could do no mighty work there, except that he laid his hands on a few sick people and healed them.

3. 예수님은 이미 열두 제자를 세우셨습니다(3:13~19). 본
문은 그들을 훈련시키시는 내용입니다. 우선 제자훈련
방법과 제자들에게 주신 권능이 무엇입니까(7)? 왜 이러
한 방법과 권능이 필요했을까요?

4. 제자들이 예수님께 받은 제자훈련 매뉴얼은 무엇입니
까(8~11)? 그 각각의 의미와 필요들을 생각해봅시다.
이 제자훈련 매뉴얼 중에 당신에게 가장 필요한 것이 있
다면 무엇입니까?

ESV

6 And he marveled because of their unbelief. And he went about among the villages teaching.
7 And he called the twelve and began to send them out two by two, and gave them authority over the unclean spirits.
8 He charged them to take nothing for their journey except a staff—no bread, no bag, no money in their belts—
9 but to wear sandals and not put on two tunics.
10 And he said to them, "Whenever you enter a house, stay there until you depart from there.
11 And if any place will not receive you and they will not listen to you, when you leave, shake off the dust that is on your feet as a testimony against them."

5. 보냄 받은 제자들은 어떻게 사명을 감당했습니까 (12~13)? 그 결과가 어떠합니까(14~16)? 하나님 나라 는 점차 드러나기 마련입니다(참조, 4:21~32의 하나님 나라 비유들). 당신이 속한 공동체가 가지고 있는 하나 님 나라의 비전과 방법을 생각해보시오.

ESV

12 So they went out and proclaimed that people should repent.

13 And they cast out many demons and anointed with oil many who were sick and healed them.

14 King Herod heard of it, for Jesus' name had become known. Some said, "John the Baptist has been raised from the dead. That is why these miraculous powers are at work in him."

15 But others said, "He is Elijah." And others said, "He is a prophet, like one of the prophets of old."

16 But when Herod heard of it, he said, "John, whom I beheaded, has been raised."

1. 예수님의 제자로 산다는 것은 배척 받는 것을 각오하는 삶입니다. 당신은 지인(가족과 친구)들에게 환영받는 제자입니까, 배척당하는 제자입니까? 그 이유는 무엇입니까?

2. 예수님이 주신 제자훈련 매뉴얼 중에 당신에게 가장 어려운 항목이 무엇입니까? 그것을 감당하기 위해 결단해야 할 것이 있다면 무엇인지 적어보고 나누어 봅시다.

함께 기도합시다

열두 제자를 부르사

예수님께서는 몹시 바쁘신 중에서도 제자 양육에 최우선권을 두시고 시간과 정성을 쏟으셨습니다. 열두 제자들 앞에서 배척당하시는 모습을 보여 주시기도 하셨습니다. 예수님은 좋은 점만 보이지 않으셨습니다. 이는 주의 길을 가는 과정에서 괴로운 일도 있음을 알게 하신 것입니다. 훗날 제자들이 배척당할 때 쓰러지지 않고 새 힘을 얻어 일어서도록 하려 하심입니다.

예수님은 제자들을 사랑하셨습니다. 사랑하시므로 훈련시키셔서 믿음 있고 유능하고 열매 맺는 자가 되게 하셨습니다. 또한 예수님은 전도의 때 둘씩 짝지어 보내어 동역 훈련을 시키셨습니다. 사람은 혼자 살 수 없습니다. 함께 살아야 합니다. 그러므로 자기를 부인하고 함께 동역함은 필수적입니다. 그리고 여행 필수품마저도 휴대하지 않음으로 오직 하나님만 의지하는 믿음 훈련을 시키셨습니다. 어느 곳에 들어가면 한 집에 머물러 한 가정을 확실히 세우도록 했습니다. 마지막으로 복음의 우월성을 지키는 훈련도 시키셨습니다.

우리나라의 젊은이들은 무한한 가능성이 있습니다. 동역 훈련, 믿음 훈련, 핵심 있게 일하는 훈련, 긍지 훈련, 지도자 훈련을 잘 받으면 큰 일꾼이 될 줄 믿습니다. 주님은 오늘날에도 여전히 제자들을 불러 훈련시키십니다. 하나님 나라는 준비된 제자들을 통하여 이루어집니다. 주님의 부르심에 순종하여 제자가 되었다면 주님이 주시는 제자훈련을 기쁘게 받아 잘 준비된 제자, 주님이 기뻐하시는 일꾼이 되길 바랍니다. 주님께서 우리를 부르신 특별한 목적이 있음을 명심하고 최선을 다해서 주어진 훈련들을 잘 감당하여 하나님의 뜻을 이루기를 바랍니다.

9과

목자의 마음

● 마가복음 6:30-44(34)

예수께서 나오사 큰 무리를 보시고 그 목자 없는 양 같음으로 인하여 불쌍히 여기사 이에 여러 가지로 가르치시더라

● 시작하는 이야기

예수님께서는 자신의 십자가 사건과 부활과 승천 이후에도 복음사역이 계속될 수 있도록 제자들을 부르시고 그들과 함께 숙식하시면서 그들을 가르치셨습니다. 그리고 실제적인 훈련을 위해 제자들을 파송하셨습니다. 제자들의 사역은 놀라운 반향을 일으켰고, 예수님의 명성은 더욱 퍼졌습니다. 그런데 예수님은 그러한 명성보다도 제자들이 주님과 같은 마음을 갖기 원하셨습니다.

우리 주위를 살펴보십시오. 예수님을 알지 못한 채 돈이나, 명예나, 사회적 지위가 전부인 것처럼 정신없이 쫓아다니는 사람들이 얼마나 많습니까? 뿐만 아니라 신앙생활을 한다고 하면서도 왜곡되게 신앙생활을 하는 사람들 역시 얼마나 많습니까? 오늘 본문에서, 주님께서 우리에게 요구하시는 마음이 있습니다. 주님의 마음을 품는 귀한 시간이 되길 바랍니다.

1. 둘씩 짝을 이루어 사역 훈련을 다녀온 사도들이 무엇을 보고했습니까(30)? 사도들의 심정이 어떠했을까요? 그 때 예수님과 제자들에게 필요한 것이 무엇이었습니까 (31~32)?

2. 사람들이 예수님과 사도들을 어떻게 찾아왔습니까 (33)? 무리를 보시는 예수님의 마음이 어떠했으며, 그들을 어떻게 섬기십니까(34)? 오늘날과 당시 사람들의 형편을 비교해보고 공통점을 찾아보시오.

ESV

30 The apostles returned to Jesus and told him all that they had done and taught.

31 And he said to them, "Come away by yourselves to a desolate place and rest a while." For many were coming and going, and they had no leisure even to eat.

32 And they went away in the boat to a desolate place by themselves.

33 Now many saw them going and recognized them, and they ran there on foot from all the towns and got there ahead of them.

34 When he went ashore he saw a great crowd, and he had compassion on them, because they were like sheep without a shepherd. And he began to teach them many things.

3. 휴식을 취하려는 제자들에게 무리는 큰 부담이었습니다. 날이 저물자 결국 먹는 문제를 해결해야 하는 상황이 되었습니다. 무리를 바라보는 제자들의 마음은 어떠했을까요? 제자들은 어떻게 이 문제를 해결하고자 합니까(35~36)?

ESV

35 And when it grew late, his disciples came to him and said, "This is a desolate place, and the hour is now late.
36 Send them away to go into the surrounding countryside and villages and buy themselves something to eat."
37 But he answered them, "You give them something to eat." And they said to him, "Shall we go and buy two hundred denarii worth of bread and give it to them to eat?"

4. 예수님은 무리에 대한 제자들의 마음을 훈련시키고자 합니다. 예수님이 제자들에게 하신 말씀이 무엇이며, 이에 대한 제자들의 반응이 무엇입니까(37)? 예수님 마음과 제자들의 마음이 어떻게 다른가요(참고, 요 6:5~9)?

5. 결국 예수님은 이 문제를 어떻게 해결하십니까 (38~41)? 무리가 얼마나 풍성하게 먹었습니까 (42~44)? 예수님은 이 사건을 통해서도 제자들을 훈련 시키시고 있음을 알 수 있습니다(37, 38, 39, 41). 이를 통해 볼 때 예수님은 어떤 분입니까(요 6:35)?

ESV

38 And he said to them, "How many loaves do you have? Go and see." And when they had found out, they said, "Five, and two fish."

39 Then he commanded them all to sit down in groups on the green grass.

40 So they sat down in groups, by hundreds and by fifties.

41 And taking the five loaves and the two fish he looked up to heaven and said a blessing and broke the loaves and gave them to the disciples to set before the people. And he divided the two fish among them all.

42 And they all ate and were satisfied.

43 And they took up twelve baskets full of broken pieces and of the fish.

44 And those who ate the loaves were five thousand men.

1. 전도훈련을 통해서 나타나는 이적들은 사도들에게 큰 기쁨이 되었고, 자랑거리가 되었습니다. 전도와 사역의 열매가 있을 때와 없을 때의 당신의 마음이 어떠합니까?

2. 예수님은 친히 목자 없는 무리의 목자가 되시어 풍성한 꼴을 먹이셨습니다(시 23:1~2). 주님은 당신을 목자로 부르시고 "너희가 먹을 것을 주라"고 하십니다. 이 말씀에 순종하기 위해서 당신에게 필요한 것이 무엇입니까?

함께 기도합시다

너희가 먹을 것을 주라

예수님은 전도를 성공적으로 마치고 돌아온 제자들을 쉬게 하기 위해 조용한 장소로 데리고 가셨습니다. 그러나 예수님과 제자들은 쉼을 가질 수가 없었습니다. 많은 무리들이 삶의 이유와 목적을 찾지 못해 방황하며 예수님을 찾아왔기 때문입니다. 무리들은 참 목자를 찾고 있었습니다. 이 무리를 성경은 "목자 없는 양"이라고 표현하고 있습니다. 본래 "목자 없는 양"은 지도자나 왕이 없는 이스라엘을 설명할 때 쓰는 성경의 일반적인 표현입니다 (민 27:17; 왕상 22:17; 겔 34:5; 슥 10:2). 그들은 참으로 목자 없는 양 같은 존재들이었습니다. 그들에게는 목자가 필요했습니다.

예수님은 목자 없이 방황하는 이 무리들을 불쌍히 여기셨습니다. 그리고 여러 가지로 가르치셨습니다. 예수님은 구약에서부터 약속된 참 목자이십니다(겔 34:10~16). 그리고는 제자들에게 "너희가 먹을 것을 주라"고 하셨습니다. 이 말씀은 사랑이 없는 제자들에게 참 목자가 되어 백성을 먹이라는 주님의 음성입니다. 주님께서는 제자들에게 목자의 마음, 곧 백성을 불쌍히 여기며 가슴 아파하는 목자의 상한 심정을 갖도록 훈련시키셨습니다. 또한 믿음 훈련을 시키셨습니다. 이백 데나리온의 떡도 부족한 상황 속에서 아무것도 없는데 주님께서는 "너희가 먹을 것을 주라"고 말씀하셨습니다. 그리고 떡을 찾아보도록 명령하셔서 믿음을 가지고 찾도록 하셨습니다. 마침내 믿음으로 바쳐진 보리떡 다섯 개와 물고기 두 마리로 5천 명을 배불리 먹이셨습니다.

예수님은 오늘날에도 목자들을 찾고 계시며, 목자들에게 "너희가 먹을 것을 주라"고 말씀하십니다. 오늘날도 참 목자가 필요한 시대입니다. 많은 사람들이 정신없이 분주히 생활하고 있지만 자신의 삶을 바르게 인도해 줄 목자를 그리워하고 있습니다. 우리도 예수님과 같이 목자 없는 양과 같은 사람들을 불쌍히 여기는 마음을 가져야 합니다. 우리가 할 일은 우리의 조그마한 것이라도 먼저 희생하며 주님께 드리는 것입니다. 우리의 보잘 것 없는 것이라도 예수님의 손에 붙들려서 목자 없는 양과 같은 사람들을 위해서 크게 쓰임 받는 은혜가 있기를 바랍니다.

10과

사람의 전통

● 마가복음 7:1-23(9)

또 이르시되 너희가 너희 전통을 지키려고 하나님의 계명을 잘 저버리는도다

예수님 당시 이스라엘의 종교 관습으로 볼 때 예수님의 행동은 파격적이셨습니다. 예수님과 제자들은 안식일에 병자들을 고치고, 배고픔을 참지 못하여 이삭을 잘라먹었습니다. 당시에 당연하게 여기던 금식도 하지 않았습니다. 더구나 사람들에게 천대받고 버림받았던 나병환자와 혈루병 걸린 여인을 치료하셨습니다. 그리고 세리들과 죄인으로 취급되었던 자들과 함께 식사하며 교제하셨습니다.

오늘 본문에서는, 예수님께서 이렇게 당시의 관습으로 볼 때 파격적으로 행동하신 이유를 우리에게 가르쳐 줍니다. 본문 속에서 우리는 크게 두 가지를 교훈 받을 수 있습니다. 먼저 예수님의 말씀과 사역을 통해서 기독교 신앙의 본질이 무엇인지를 아는 것입니다. 두 번째는 예수님의 말씀과 사역을 통해서 복음 시대에 예수님께서 우리에게 요구하는 삶이 무엇인지 깨닫는 것입니다.

자, 과연 내가 복음을 바로 이해하고 있는지, 그리고 나의 삶이 복음에 합당한지 본문 속으로 들어가 봅시다.

● 말씀의 자리

1. 바리새인과 서기관들이 예수님께 무슨 질문을 합니까 (1~5)? 그들이 지키는 장로들의 전통에는 어떤 것들이 있습니까(3~4)?

★ **장로들의 전통(3, 5):** 모세의 율법을 실제 생활에 구체적으로 적용하기 위한 보다 상세한 규범으로 예수님 당시까지만 해도 구전(口傳)의 형태로만 존재하였으나 후에 문자로 집대성되어 "탈무드"로 만들어지게 됨.

2. 예수님은 그들의 이러한 질문에 어떻게 대응합니까 (6~7, 사 29:13; 참고, 겔 33:31)? 예수님이 정리하신 그들의 문제가 무엇입니까(8~9)? 본질적인 것과 비본질적인 것이 어떻게 바뀌었는지 생각해봅시다.

ESV

1 Now when the Pharisees gathered to him, with some of the scribes who had come from Jerusalem,
2 they saw that some of his disciples ate with hands that were defiled, that is, unwashed.
3 (For the Pharisees and all the Jews do not eat unless they wash their hands, holding to the tradition of the elders,
4 and when they come from the marketplace, they do not eat unless they wash. And there are many other traditions that they observe, such as the washing of cups and pots and copper vessels and dining couches.)
5 And the Pharisees and the scribes asked him, "Why do your disciples not walk according to the tradition of the elders, but eat with defiled hands?"
6 And he said to them, "Well did Isaiah prophesy of you hypocrites, as it is written,
"'This people honors me with their lips, but their heart is far from me;
7 in vain do they worship me, teaching as doctrines the commandments of men.'
8 You leave the commandment of God and hold to the tradition of men."
9 And he said to them, "You have a fine way of rejecting the commandment of God in order to establish your tradition!

3. 예수님이 구체적인 예로 들고 있는 그들의 잘못된 행위가 무엇입니까(10~13)? 여기에 "부모를 공경하라"는 율법까지도 사람의 전통으로 왜곡시키는 인간의 죄악이 어떻게 나타나 있습니까? 하나님 앞에서 이러한 잘못이 있다면 회개하고 나누는 시간을 가져 봅시다.

* **고르반(11):** 문자적으로는 "하나님께 드려진 것"이라는 의미(레 1:2, 2:1)로 하나님께 바친다고 서약한 물건을 다른 사람이 사용하지 못하게 하는 선한 의도에서 시작된 것임.

4. 예수님은 이 문제에 대한 본질적인 가르침을 주고 있습니다. 사람을 더럽게 하는 것이 무엇이라고 말씀하십니까(14~16)? 제자들은 이 말씀의 뜻을 알아들었습니까(17)? 그 이유는 무엇일까요?

ESV

10 For Moses said, 'Honor your father and your mother'; and, 'Whoever reviles father or mother must surely die.'
11 But you say, 'If a man tells his father or his mother, "Whatever you would have gained from me is Corban"' (that is, given to God)—
12 then you no longer permit him to do anything for his father or mother,
13 thus making void the word of God by your tradition that you have handed down. And many such things you do."
14 And he called the people to him again and said to them, "Hear me, all of you, and understand:
15 There is nothing outside a person that by going into him can defile him, but the things that come out of a person are what defile him."
17 And when he had entered the house and left the people, his disciples asked him about the parable.

5. 예수님이 제자들에게 설명하시는 비유의 내용이 무엇입니까(18~23)? 사람을 더럽게 하는 항목들을 생각해보고 당신을 가장 더럽히고 있는 것이 있다면 그 이유가 무엇인지 생각해봅시다.

18 And he said to them, "Then are you also without understanding? Do you not see that whatever goes into a person from outside cannot defile him,

19 since it enters not his heart but his stomach, and is expelled?" (Thus he declared all foods clean.)

20 And he said, "What comes out of a person is what defiles him.

21 For from within, out of the heart of man, come evil thoughts, sexual immorality, theft, murder, adultery,

22 coveting, wickedness, deceit, sensuality, envy, slander, pride, foolishness.

23 All these evil things come from within, and they defile a person."

1. 바리새인들과 서기관들은 구전된 조상들의 전통을 지키려다가 기록된 하나님의 계명을 저버리는 잘못을 범했습니다. 당신과 당신의 모임 속에서 발견되는 이러한 외식이 있다면 찾아보고 극복할 수 있는 방법을 찾아봅시다.

2. 예수님의 제자는 항상 성장하며 새롭게 되는 사람입니다. 우리 안에서 우리를 더럽게 하는 것을 극복하는 것은 성령의 열매를 맺는 삶입니다(갈 5:22~23). 당신을 깨끗케 하고 성령의 열매를 맺도록 하기 위해 필요한 것이 무엇입니까?

함께 기도합시다

하나님의 계명과 사람의 전통

예수님 당시에 바리새인과 서기관 등 유대주의자들은 모세의 율법이나 장로들의 유전(전통)을 맹목적으로 지켰습니다. 그들은 손을 씻는 일에 열심이었습니다. 음식 그릇을 씻지 않고는 먹지를 않았습니다. 그리고 이 같은 결례를 행하지 않는 예수님의 제자들을 책망했습니다. 하지만 예수님은 이 같은 바리새인들을 위선자라고 책망하셨습니다. 입술로는 하나님을 존경하지만 마음은 멀다 하시며 이사야 29장 13절을 통해서 그들의 위선적인 행동을 지적하셨습니다. 그들은 결국 사람들이 만든 계명은 잘 지켰으나 실제로 하나님의 말씀은 버린 것입니다(8, 9). 그 한 예가 '고르반 제도'를 악용하여 부모를 섬기지 않은 것입니다.

신앙생활은 형식만으로 되지 않습니다. 형식 속에 내용이 담겨야 의미가 있습니다. 행위와 함께 마음이 변화되어야 합니다. 마음이 변화되지 않은 상태에서의 행위는 예수님을 더욱 피곤하게 하고 괴롭게 합니다. 요즘 많은 신자들이 주일날 잠깐 교회에 나가서 예배를 드림으로 주일을 지켰다고 생각합니다. 주일 예배에 참석하는 것은 물론이고 신령과 진정으로 예배를 드려야 합니다. 그리고 예수님 안에서 진실로 위로함 받으며 사랑을 실천할 수 있어야 합니다. 뿐만 아니라 예배 참석, 헌금이 신앙 생활의 전부가 아닙니다. 회개함으로 죄 사함의 은혜를 덧입고 성령 충만한 생활을 해야 합니다. 예수님의 사랑을 배우고 실천하며 열매를 맺는 것입니다. 입술보다는 마음으로 신앙생활을 해야 합니다. 사람의 마음에서 나오는 악한 생각 곧 음란, 도적질, 살인, 간음, 탐욕, 악독, 속임, 음탕, 흘기는 눈, 훼방, 교만, 광패 등을 성령의 능력으로 싸워야 합니다(21, 22, 23).

11과

베드로의 고백

● 마가복음 8:22-38(29)

또 물으시되 너희는 나를 누구라 하느냐 베드로가 대답하여 이르되 주는 그리스도시니이다 하매

'고백'의 사전적 의미는 '마음속에 생각하고 있는 것이나 감추어 둔 것을 사실대로 숨김없이 말하는 것'입니다. 우리는 인생을 살아가면서 여러 가지 고백을 합니다. 사랑하는 사람에게 '사랑한다'고 고백하거나, 갈등의 관계에 있는 사람에게 솔직한 심정을 고백함으로 관계를 새롭게 하기도 합니다. 이처럼, 우리가 무엇을 고백한다는 것은 우리의 인생에 새로운 전환점이 되는 중요한 의미를 가지고 있습니다.

그런데 우리의 인생에 있어서 가장 중요한 고백은 무엇일까요? 그것은 바로 '신앙고백'입니다. 내가 무엇을 믿는지, 또한 어떻게 믿는지 올바로 깨닫고 고백할 때, 그 사람의 인생은 새로워지게 됩니다. 그러한 '신앙고백'은 이 세상뿐 아니라 영원을 결정짓는 엄청난 고백이 됩니다.

오늘 말씀을 통해 우리가 어떤 고백을 하나님과 사람 앞에서 해야 할지 진지하게 생각해 볼 수 있길 원합니다.

○ 말씀의 자리

1. 벳새다에서 예수님은 두 단계의 과정을 통하여 맹인을 고쳐주십니다. 예수님은 맹인을 어떻게 고치십니까(22~25)? 예수님께서 그 사람에게 마을에 들어가지 말라고 하신 이유는 무엇입니까(26, 30; 마 8:4)?

* **벳새다(22):** 갈릴리 호수 북쪽에 위치한 작은 성읍. 예수님께서 오병이어를 베푸신 곳. 많은 이적에도 불구하고 회개하지 않아 책망을 받아 저주받은 성읍이 됨(마 11:20~22).

2. 가이사랴 빌립보에서 예수님은 제자들에게 두 단계의 질문을 던집니다. 첫 번째 질문이 무엇이며, 제자들의 답변은 무엇입니까(27~28)? 제자들의 답변과 이 시대 사람들의 예수님에 대한 생각을 비교해보고 나누어보시오.

* **가이사랴 빌립보(27):** 갈릴리 호수에서 북쪽 약 40km에 위치한 헐몬산 기슭에 위치함. 바알신전과 그리스신 판(Pan) 신전이 있었고, 분봉왕 헤롯빌립이 로마 황제 카이사르(Caesar)와 자신의 이름을 따서 명명한 성읍.

ESV

22 And they came to Bethsaida. And some people brought to him a blind man and begged him to touch him.
23 And he took the blind man by the hand and led him out of the village, and when he had spit on his eyes and laid his hands on him, he asked him, "Do you see anything?"
24 And he looked up and said, "I see men, but they look like trees, walking."
25 Then Jesus laid his hands on his eyes again; and he opened his eyes, his sight was restored, and he saw everything clearly.
26 And he sent him to his home, saying, "Do not even enter the village."
27 And Jesus went on with his disciples to the villages of Caesarea Philippi. And on the way he asked his disciples, "Who do people say that I am?"
28 And they told him, "John the Baptist; and others say, Elijah; and others, one of the prophets."

3. 제자들의 답변을 들은 예수님은 두 번째 질문을 합니다. 두 번째 질문이 무엇이며, 베드로의 고백은 무엇입니까(29)? 베드로의 고백은 어떤 의미가 있습니까? 베드로의 답변을 들으신 예수님께서 하신 말씀이 무엇입니까(30)? 예수님께서 제자들에게 경고하시는 이유를 생각해봅시다.

ESV

29 And he asked them, "But who do you say that I am?" Peter answered him, "You are the Christ."
30 And he strictly charged them to tell no one about him.
31 And he began to teach them that the Son of Man must suffer many things and be rejected by the elders and the chief priests and the scribes and be killed, and after three days rise again.

4. 베드로의 고백을 들으신 예수님은 이제 제자들에게 사역의 본질에 대해 말씀하십니다. 예수님이 제자들에게 가르치신 말씀이 무엇입니까(31)? 왜 이러한 사역이 필요한 것입니까? 이러한 주님의 사역이 당신과 어떤 관계가 있습니까?

5. 예수님 사역의 본질에 대한 가르침에 베드로는 어떻게 반응하며, 왜 예수님이 베드로를 책망하십니까(32~33, 마 4:8~9)? 베드로가 사탄이라고 예수님의 책망을 받게 된 이유를 생각해보시오(빌 3:18~19).

6. 예수님은 주님을 따르는 제자의 길에 대하여 어떻게 말씀하십니까(34)? 예수님을 따르는 제자들이 소유한 '생명'의 가치와 그것을 지키는 방법이 무엇입니까(35~38)? 여기서 강조되는 '자기를 부인한다', '자기 십자가를 진다', '주님을 따른다'의 의미를 생각해보시오.

32 And he said this plainly. And Peter took him aside and began to rebuke him.

33 But turning and seeing his disciples, he rebuked Peter and said, "Get behind me, Satan! For you are not setting your mind on the things of God, but on the things of man."

34 And calling the crowd to him with his disciples, he said to them, "If anyone would come after me, let him deny himself and take up his cross and follow me.

35 For whoever would save his life will lose it, but whoever loses his life for my sake and the gospel's will save it.

36 For what does it profit a man to gain the whole world and forfeit his soul?

37 For what can a man give in return for his soul?

38 For whoever is ashamed of me and of my words in this adulterous and sinful generation, of him will the Son of Man also be ashamed when he comes in the glory of his Father with the holy angels."

1. 예수님을 따르는 자들은 영적 깨달음이 필요합니다. 본문의 맹인과 제자들은 단계
   별로 눈을 뜨는 과정을 보여줍니다. 당신이 보는 예수님은 누구입니까? 예수님에 대
   한 당신의 고백은 무엇입니까?

2. 예수님을 따른다는 것은 예수님의 제자가 된다는 의미입니다. 당신이 주님의 제자
   로서 감당해야 할 '자기 부인', '자기 십자가', '주님 따름'은 구체적으로 무엇입니까?

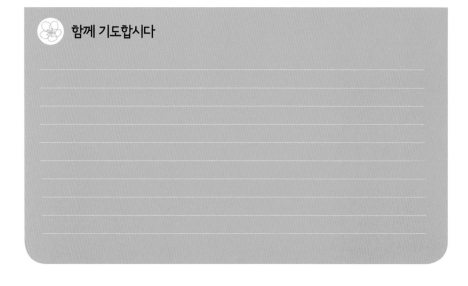

함께 기도합시다

주는 그리스도시니이다

똑같은 사물이나 어떤 존재를 보고도 다르게 이해하고 해석하는 경우가 많습니다. 예수님에 대해서도 마찬가지입니다. 오늘 빌립보 가이사랴에 제자들과 함께 가신 예수님은 '사람들이 나를 누구라고 하느냐?'라고 물어보십니다. 그러자 제자들은 사람들이 이해하고 해석하는 예수님에 대해 이런저런 이야기를 합니다. 그 이야기를 듣고 계시던 예수님이 다시 물으십니다. 그렇다면 '너희는 나를 누구라 하느냐?' 예수님을 가까이에서 따르고, 그 예수님을 배웠던 제자들을 향해 주님은 그들이 이해하고 해석하는 예수님에 대해 물으십니다. 그러자 베드로는 '주는 그리스도시니이다' 라고 대답합니다.

'그리스도'(헬라어)는 '메시아'(히브리어)를 번역한 말로, "기름부음 받은 자"라는 의미가 있습니다. 예수님 당시에 '그리스도(메시아)'는 그의 백성을 구원하고 의로운 왕국을 건설하기 위해 하나님에 의해 기름부음 받고 능력을 부여받은 왕을 가리키는 말이었습니다(단 9:25~26). 즉, 베드로와 제자들이 예수님을 '그리스도'라고 고백한 것은 바로 예수님이 하나님 나라의 왕이시고, 우리의 구원자이시고, 통치자가 되신다는 것을 의미합니다.

당신에게 있어서 예수님은 어떤 분이십니까?

그저 4대 성인이나, 내 인생에 어떤 도움을 주는 정도의 수호신 정도로 여기지는 않습니까? 아니면 자신의 인생에 구주(Savior)와 주님(Lord)으로 믿고 고백합니까? 예수님을 소개하고 가르치는 성경을 잘 배우고, 성령님의 인도하심을 잘 받아서 예수님을 인격적으로 만나고, 참된 '신앙고백'을 하는 복된 삶이 되기를 바랍니다.

MEMO

MEMO

ESP(기독대학인회 출판부)는 다음과 같은 마음을 품고
기도하면서 일하고 있습니다.

첫째, 청년 대학생은 이 시대의 희망입니다.
둘째, 하나님의 말씀인 성경을 사랑합니다.
셋째, 문서사역을 통하여 성경적 세계관을 정립해 나갑니다.
넷째, 문서선교를 통하여 총체적 선교에 도움을 주고자 합니다.